U0000953

我的事我會自己操心

*本書完整保留作家特殊的文體、說話方式與斷句。

我的事，我自己會操心

崔大鎬 著

你過了怎樣的一天呢？

這一天身心都忙碌不已

暈頭轉向地撐到現在

但卻好像只是累積了大量的擔憂嗎？

絕對不是那樣

因為你一直做得很好
那些都只是不必要的擔憂

不要和他人比較
把目光放在自己身上吧

問問自己的心如何
承認並尊重自己的心情

請不要擔心

你一直做得很好

現在也做得很好

以後也可以做得很好

我的人生、我的擔心，都屬於我

人生在世，真的做了很多事情，
也克服、學習了很多事情。

在這過程中，有著無數的「我」。
時而充滿自信，時而渺小無比，
在感覺到自己有所不足時，也會發現意外的能力。

在眾多的我當中，
也有些不必存在的面貌。
那就是擔心的面貌。

我是個很愛操心的人。
無論事情大小，開始做之前總會先擔心，
讓自己的思緒變得很雜亂。

心情本來就很複雜了，
別人的話會讓我的混亂變成兩倍、三倍。
即使原本能夠做到，
也會因為別人說的話而放棄或卻步。
我經常，且頻繁地受他人影響

但現在不會那樣了。
無論別人說什麼，我的人生都屬於我，
沒有人能代替。
比起別人的話，請更相信我自己。
比起擔心，更應該透過經驗，
創造自己理想的人生。

「擔心」總是只用在負面的意思。
希望因為他人的視線或話語，
令人徘徊徬徨無法跨出步伐的類似事件，
可以不要再發生。
所以我才寫了這本書。

世上所有事情都可以擔心，
但反過來說，什麼事情也都可以不擔心。

我將透過這本書，記錄減少擔心的方法，
以及減少擔心之後能看到的事物。

我的事我會自己操心。
如果可以不操心就更好了。

contents

8   prologue 我的人生、我的擔心，都屬於我

① 隨心所欲的幸福

14   那麼做

15   我的人生

16   活著的必要姿態

17   慢慢地

18   從我開始

20   再

21   美式咖啡

22   最近

23   大人

24   分享

26   像現在一樣

28   珍貴的人

29   偏食

30   選擇

31   人生

32   我的近況

35   標準

36   新的一天

37   事到如今

38   條件

39   決心

40   真正的貼心

41   種子

42   方法

44   必須要知道的事

46   墊腳石

47   重複的後悔

48   希望能成為習慣

49   就這樣

50   那種關係

51   開誠布公

52   討厭的人

58   現在

60   超支

61   我身旁

62   人際關係

63   真

64   小事物

66   答案

67   停止思考

68   這段期間

69   去做吧

② 我適合幸福

72　做得好

73　那不是你的錯

74　你的今天

77　累的時候需要的東西

78　想傳達的話

79　正確答案

80　你就是這樣

81　安慰

82　還來得及

84　人生在世

85　告訴我

86　溫暖的人的特徵

87　給你

88　現在

89　不是你的錯

90　真正的幸福

91　翅膀

92　照顧好

93　自在的日子

95　充電

96　在厭倦之前

97　壓抑

98　漂亮的話

99　日子們

100　任他流逝

102　身邊

104　光

105　一定要留在身邊的人

107　始終如一的人

108　永誌不忘

110　給你

111　你這個人

112　相遇

113　感恩

114　像畫裡走出來的人

116　你的身邊

118　跑步

119　找尋我的人

120　謝謝

122　成為

123　最好的東西

124　真的

125　力量

126　開始

128　確信

129　有些選擇

130　美好的夜晚

131　睡覺

③ **即便是我，也不會有的擔憂**

134　別太用力

136　充分地

138　試試看

139　以後

140　要多少有多少

142　我的

143　別加油

144　哪有什麼

146　夢想與野心

152　精神管理

153　毫無疑問地

154　照顧

155　拋開吧

156　不會那樣

157　好好的

159　相信你

160　擔心的時機

161　人生中感受到的

162　那些話

164　我的今天

166　安慰

167　抓住

168　謝謝

169　加油

170　人生中的目標

172　希望能有這樣的人

173　放寬心

174　因為有你

176　療癒

178　回顧

180　過程

181　期待的樣子

183　星星

184　感激的事

185　明天要做的事

186　像水一樣

188　我的加油

189　減去一點

隨心所欲的

幸福

那
麼
做

2020年最常做的事

保持社交距離

2021年最常做的事

保持幸福

我們都要盡情地做自己想做的事

稍微繞點路又怎樣？稍微慢一點又怎樣？

稍微沒效率又怎樣？那又怎麼樣？

就是要過很幸福、能有豐富感受的生活

活著的 必要姿態

1. 不急著做決定

2. 認為自己做得到

3. 從現在開始

慢
慢
地

改變無法一步到位

一點一點慢慢改變也無妨

近看

或許會覺得絲毫沒有改變

但將這些時間蒐集起來

就會感覺到

自己成為比過去更幸福的人

從我開始

沒有辦法說

一定要很多人愛我才會幸福

那些不知何時會消失的關心

時間一久就不知道還會不會再有的幸福

別把那些當成生活的重心

最重要的事情

是「我如何對待我自己」

先開始珍惜自己

才會開始擁有幸福人生

其他人的愛

應該擺在那之後

再

用怨恨別人的能量

再更愛我自己

我的人生就像美式咖啡

雖苦但值得忍受

最近

直到不久前

還在想夏天要做什麼、冬天要去哪旅行

一邊規劃生活的藍圖一邊生活

現在卻連計劃下個月的事都有困難

如果說建立偉大的計畫遠走他鄉

能讓人感到幸福且期待

那最近就是必須每一天

都專注在身邊微小且珍貴的幸福

明明不知道但卻說知道

明明不抱歉但卻說抱歉

明明做不到但卻說會試看看

明明想哭卻能夠笑

我們或許都是這樣成為大人

分享

偶爾會有這種想法

如果把我心裡的話告訴別人

會不會是強制他人分擔我的重量

會不會讓聽者造成壓力或讓他們難過

之類的想法

不過支持我的人不會這樣

聽了我的心情後，他們會用真心的表現

帶給我能夠成為力量的勇氣

我決定未來多多分享

因為我們是無論好壞

都會一起分享的關係

像現在一樣

真希望

可以繼續這麼自在

太過幸福

太過憂鬱

都令人畏懼

珍貴的人

熱情的人

都深知等待的方法

他們不是只用自己的標準思考

而是一定會站在對方的立場思考一次

他們是無論跟誰相處都能讓人感到自在的人

所以熱情的人很珍貴

偏食

人際關係需要偏食

為了不受傷也不被傷害

幸福自在的人生

選
擇

心裡

要是感到不安，不安便會滋長

要是產生怨恨，怨恨便會滋長

要是有了希望，希望便會滋長

要是有了幸福，幸福就會擴大

究竟要讓什麼萌芽

選擇取決於你

沒有了不起的人生

也沒有普通的人生

我
的
近
況

別對我太殘酷

經歷過許多事情的人所需要的

並不是鎖定下一個目標

而是充分的休息

別叫我忍耐

畢竟那不是必須忍受或費盡千辛萬苦

也非得做到的事

問問我過得好不好

如果不好

就給我比平時更多的幸福吧

因為身心都要健康

才能做到更多事

標準

並非一定要很多人愛我

我才會幸福

應該先開始珍惜自己

才能擁有幸福的人生

新
的
一
天

昨天沒做到的

今天能做得到

因為今天是新的一天

情緒消耗最可怕的

是傾注了自己的所有

卻事到如今才發現

這一切什麼也不是的感受

條
件

即使擁有能夠幸福的所有條件

若我不愛我自己

那就沒有任何用處

決心

減少那些讓我的內心

紛亂不堪的壞想法

堅強地活下去

真正的貼心

讓自己痛苦也要去做

不是貼心而是犧牲

真正的貼心

是源自於喜悅的心情

種子

小小的約定

認為珍貴的事物

就是好關係的開始

方法

從陌生人中，選出必須敬而遠之的對象的方法

就是

我自己先用最敬重的態度對待他人

不是用低姿態，而是用敬重的姿態應對

一般人也會回以相同的溫度

溫度相通的人，雖然陌生卻能夠拉近距離

就會是一些好人

但其中會有幾個人，將我敬重的態度

看成是比他更低一等

反而以無禮的態度回應我

我們只要從一開始便遠離這些人就好

畢竟身邊總有許多無法避免情緒消耗的人
他們不是壞，只是跟我不一樣
而這個方法
可以減少已經拉近距離卻又得再遠離彼此時
所受的苦

必須要知道的事

貼心是來自於關心

理解是來自於努力

墊腳石

但願所有難過的時間

不會變成消失的砂礫

而是成為穩固的墊腳石

幫助你成長

別再跟分手的對象復合

雖然有極少數人順利發展

但何必把時間花費在那微小的機率上

你的青春是如此短暫又如此耀眼

希望能 成為習慣

1. 問好

2. 傾聽

3. 相信自己

當我說難過的時候

別分析原因與結果

只要站在我這邊就好

那
種
關
係

這段關係只要我放下就會結束

卻因為放不下

所以讓心、讓手受了很多傷

有些人會把可能對自己有害的抱怨說出口

我並不覺得他們是壞人

我相信他們只是無處傾訴

既然已經敞開心胸，把一切開誠布公

那麼只要有人聽、幫忙化解、點頭贊同，就能

帶給對方安慰

我們該想的不是對方為何要跟我說這些話

而是讓對方盡情地說，並祈禱他能越來越好

討厭的人

跟我不合的人、讓我難過的人

跟他們相處的方法不是理解跟包容

也不是辱罵跟厭惡

就因為「討厭別人很不好」這個想法

所以反而把「我很辛苦」這件事放在後面

盡力去理解對方，並不是好方法

活了數十年，發現每個人的價值觀跟生活環境都

不一樣

不同的背景也創造了各自的特色

這使人與人之間產生差異

那樣的差異成了決定這個人跟我合不合的標準

但因為想要消除那道標準

所以我試著努力讓步、努力改變

那份努力若不讓自己痛苦倒無所謂

但要是讓步太多，超過我所能理解的範圍

即便自己沒有感覺到，心還是會越來越辛苦

這樣的時間一長

我的標準就會變得模糊

某天等我回頭，會發現自己也疲憊不堪

相反地，因為不合而討厭對方

則會耗費更多的精力

個性不合就會給彼此壓力，將那樣的壓力說給別人聽

心裡抱持著負面的想法，一直埋怨對方

也會使得聽自己抱怨的人只聽到各種負面言論

而那段時間自然不會美好

我也因為一直說負面的話，讓心情漸漸變得憂鬱

這樣一直討厭下去

甚至會開始對對方的任何一句話過度反應、心情不好

也使得我無法正常地度過每一天

有一個怨恨的對象、有一個討厭的人

對我來說都不是好事，因為兩者都不是好方法

最好的方法是保持距離

不要有任何期待，不要管對方

我也不費心，只是過著屬於自己的一天

一旦不喜歡也不討厭的時間一長

且不會碰面之後，對那個人所累積的壞情緒

或許就會一點一點消失

但也不必因為討厭的情緒消失就重新與他拉近距離

我們不是為了與對方拉近距離，

而刻意清空自己的情緒

因為壞情緒消失之後，能獲得幫助的

並不是對方與我的關係；而是我自己的心而已

就像有人一開始就跟我很合一樣

當然也有人跟我不合

不喜歡也不討厭就會讓自己比較輕鬆

當自己變得輕鬆，就能自在地度過今天

無論到哪都有討厭的人

別想太多保持距離，做自己的事吧

畢竟人生還有很多事要做

現
在

想獲得安慰

但話卻變少了

所以無法表達自己的心意

想獲得安慰

只要獲得安慰就好

但卻總適得其反

無視

我想獲得安慰的心

令我更痛苦

現在我想獲得安慰

決定只聽自己需要的話

讓自己真正地變得沒關係

超支

卡費已經超支了

實在沒有餘力連情緒都超支

可以不必為了

擁有好朋友而努力

長時間待在身邊的朋友

就是最好的朋友

人際關係

通常這世界上的事情

只要我好好做就能夠維持下去

但只有人際關係

無論怎麼努力也無法輕鬆維持

你跟我之間的關係

真的很膚淺吧

就連這樣一點小事

都能摧毀我們的友情

真

如果有人看見你下班的樣子

還會稱讚說很漂亮

那千萬不要錯過他

那是真愛

小事物

陽光特別和煦的日子

有一杯美味的咖啡

人多但準時抵達的公車

感覺今天還不錯的心情

請溫柔地看待這些小事吧

這種日子可不是隨便就有

是因為你用正面的態度看待這些日常

用樂觀的心去思考

所以才能擁有這些

答案

下定決心後

就不要再動搖

如果經過長時間思考

那就是正確答案

覺得鬱悶時

繼續思考下去也於事無補

只會使狀況更糾結、更複雜而已

去享受輕鬆歡笑的時光

或是早點睡覺還更有幫助

這段期間

因為我的貪心

讓平凡的日子變得辛苦

原本可以幸福，但卻失去了機會

去
做
吧

總之先去做吧

要做過

才知道行不行

我適合

幸福

做
得
好

在這複雜且忙碌的世界上

平安無事地度過今天

光是這樣就已經做得很好了

不要退縮

不要畏懼

你完全

沒做錯任何事

你的今天

今天也順利地過完了

或許說是順利地撐過會更合適

請不要覺得毫無任何特別之處的這一天

非常空虛

非常沒有意義

把這堅定地撐過的每一天蒐集起來

就能創造出適合你的幸福

等到了未來回顧

會發現每天都是不可或缺的一天

你做得很好，沒關係

不需要每天都發光發熱

不會因為今天不夠耀眼

你的生命就黯淡無光

累的時候
需要的東西

1. 睡眠

2. 朋友

3. 辣炒年糕

想傳達的話

不要擔心

你一直做得很好

現在也做得很好

以後也會做得很好

如果已經跟身邊的人聊過

也聽了很多建議

但卻還是

難以做決定的話

那麼你的想法

就是正確答案

你就是這樣

這個世界

有很多愛著你的人

你有這樣的資格

之後再去擔心

有做好的部分就稱讚自己做得好

現在只要笑就可以了

還來得及

如果不知道現在該做什麼的話

那就去做過段時間後再回想起今天時

會讓你覺得「當時應該那麼做」的事情就好

現在還來得及

人生在世

跟想見面的朋友見面

吃想吃的東西

喝想喝的咖啡

看想看的電影

可以哭可以笑

因為你活到現在

好的表現

比不好的表現多上更多

每天都聊聊那個

讓你感覺很辛苦的人吧

我會陪你一起罵他

溫暖的人
的特徵

1. 會好好聆聽對方說的話

2. 會同理對方有多辛苦

3. 告訴對方未來會變好

給
你

見面吧

給你我的幸福

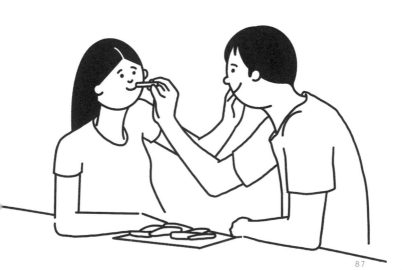

現
在

那段時間肯定很辛苦

現在

只會有幸福的事了

你偶爾

會有產生負面想法的時候

沒關係

因為並不是你努力要讓自己負面啊

真正的幸福

在我想待的地方

跟我想留在身邊的人

一起待在那，就是幸福

別擔心

輕盈地飛起來吧

照顧好

要健康

健康是萬能的

自在的日子

晚一點再擔心也沒關係

拖著拖著會發現

那好像也不是需要擔心的事

意識到這點後，自在的日子便會來臨

為了過好生活

休息真的很重要

有時間能充分休息固然很好

但通常都做不到這點

所以我們必須「好好」休息

遠離那些在可以休息的時候

還要折磨我的擔憂

讓身邊盡是我喜歡的東西

這樣度過分分秒秒，才是真正的充電

在厭倦之前

消耗太多情緒

就會沒有能量用在自己身上

一旦沒有能夠照顧疲憊的自己的力量

即便是平凡的日子也會變得厭倦

小小的重量也會難以承受

壓抑

擔憂總是無法平息

越是這樣就越必須壓抑慾望

必須放下想有好表現的心情

擔憂對已經表現得很好的你來說

不會有幫助

漂亮的話

能把話說得很漂亮的人

跟做不到的人之間只有很小的差異

見面之後該說的不是「今天很漂亮」

而是「今天也很漂亮」

話說得漂亮

即便是相同的話聽起來也很開心

這不是天生的，也不是個人性格的問題

而是把有多為對方著想這件事

表現出來而已

日
子
們

好日子慢慢走

壞日子不要來

任他流逝

你是否有過後悔萬分、痛苦不已的經驗？

是否曾經心情沉重，悲傷不已？

總之我想先安慰你

其實這不是你的錯

你已經盡力了，只能做到這樣而已

會有小小的後悔是理所當然的

不要太在意已經過去的事情

重要的是現在

把不好的那段時間放下

別一直回想、一直帶到現在

過去的就讓它過去才對

身邊

單純的肩並肩

叫作在我「旁邊」

想要與他分享我的溫暖

則叫作在我「身邊」

想留在我身邊的人

希望能跟這樣的人相處很久很久

光

開朗的人無論到哪都會發光

遇到困難的情況,他們會讓事情好轉

遇到好的情況,則會讓事情更幸福

那份力量很強大

這也是為什麼

我們身邊一定要有個開朗的人

一定要

留在身邊的人

1. 認真做好份內事的人

2. 懂得承認錯誤的人

3. 難過時會跟你聯絡的人

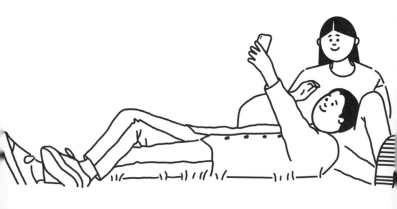

和始終如一的人來往

無論是晴天還是陰天
都用同樣的表情、同樣的稱呼叫自己
會用大大的愛來填滿你的每一天

永誌
不忘

總有這樣的日子

今天實在太辛苦了

但卻沒有地方能傾訴

無論如何安撫自己仍感到不安

鬱悶到想放棄一切的時候

總會想，我的人生本就如此

這樣的時間一長

就會忘記你是個多棒的人

將會錯失原本的你，讓原本的你變得渺小

但這只是暫時的

這段傷心的時間只是短暫的過客

不會永遠持續

也別忘記你巨大的價值

**給
你**

你是獨一無二的你

請好好對待他

要活得有自信

要活得幸福

即使要花一點時間

難過的、困難的

都會克服

因為你是堅強的人

相遇

別跟因為擔心

而令你夜不成眠的人來往

要跟因為幸福

而令你也不成眠的人相交

有一個

呼喚我的人

是一件非常幸福的事

像畫裡走出來的人

在韓國有一個形容方式是「像畫裡走出來的人」

指的是照片，或是想留在心中的瞬間

但仔細想想，那些瞬間

都太過樸實自然

而如果想看起來更精緻漂亮

那就得更積極地規劃，準備許多東西

這又反而變得不自然了

而這也會作用在我們身上

「我說這句話看起來會怎樣」

「我這樣做看起來會怎樣」等

原本就很自然、很美麗的你

最真的樣子就會被這些想法影響

其實你只要維持現在這樣就好

因為你一直是個像畫裡走出來的人

你的身邊

今天一整天

溫暖的安慰

都會圍繞在你身邊

跑步

我們的人生比想像中更值得去跑步的原因

是因為不必一定要成為第一名也沒關係

即使只是慢慢跑完全程

也能活得比想像中更加幸福

當有人討厭我的時候

不需要去找我的問題在哪

只要找跟我合得來的人就好

**謝
謝**

因為有你

我才能成為有好朋友的人

因為有你

我才能成為有人可依靠的人

因為有你

我才能分享很多事情

因為有你陪著我

所以我才能成為好人

謝謝

陪在我身邊的人們

成
為

可以不必一直是很棒的人

但還是請你成為一直都很溫柔的人

最好的東西

食物很棒

咖啡很棒

氣氛也很棒

但今天最棒的

還是你專注在我身上

真
的

「看起來很幸福」

並不重要

「真的感覺到幸福」

才是最重要的

別退縮

我告訴你，那些都沒什麼

開始

這世界上有些無法拜託別人的事

其中之一就是愛自己

別人給的愛跟自己給的愛

可是不一樣的

有些事情什麼都不做就能解決

不然就是別人會幫忙

但愛自己這件事可不是這樣

必須是自己親自為自己做才行

而且還要真心誠意

讓自己擁有的一切都變得美好

將發生的事情當成教訓

以及一顆堅強的心

都是愛我自己就能得到的

所以一定要立刻開始

確
信

別去做些新嘗試

煩惱很多的時候

就去做些以前做過的事吧

因為到了該挑戰的時候

你會和現在不一樣

強烈地確信就該如此

有能讓瞬間好過的選擇

與能讓心裡好過的選擇

一開始很困難

但能讓心裡好過的選擇應該越來越多

美好的夜晚

入睡之前

想一些好事

這樣即使不輾轉反側

也能做上一個好夢

睡覺

晚安

明天早上開始

就會有好事

3

即便是我

也不會有的擔憂

別太用力

你啊

又不是要拯救地球

不需要這麼用力，適度地過生活就好

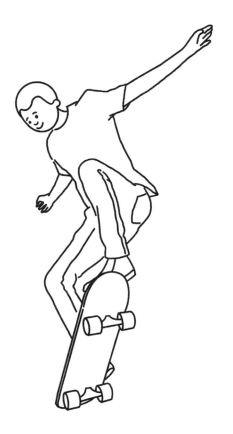

充分地

發生好事的話

就充分地享受幸福，不要感到不安

專注在幸福上就好

別早早開始擔心

別懷疑自己的幸福

如果你所感覺到的幸福

比它靠近你時更為巨大

那就用這份心情繼續度過日常生活就好

這樣即使遭遇艱困的日子

也能擁有戰勝困難的態度與決心

別有絲毫的壞想法

想著好日子會再來臨

充分地過著幸福生活就好

這就是為什麼幸福會來到

試試看

無論什麼事情都先開始試試看

肯定能獲得什麼

以
後

以後再去擔心吧

不擔心更好

要多少有多少

別失望

不要挫折

改變你的日子

要多少有多少

我
的

我的東西最好

家人最好

朋友最好

人生也最好

別加油

說不出「加油」的時候

就說「別加油」吧

那也會是很好的安慰

哪
有
什
麼

人生哪有什麼

就是吃

旅行

跟愛

夢想與野心

你現在所期盼的是夢想還是野心

會不會有時候分不清楚呢？

有三個方法能夠區分這兩者

第一是實現目標的時候

是否只因為目標實現而感到幸福

當自己一直盼望、期待的事情實現時

我的人生就會幸福。

重新回想起來

仍會覺得光是看著目標就開心的話，那就是夢想

但實現目標之後，卻認為其他附加的事物更重要

而且你想要的也是那些，那麼那就是野心

附帶的好處或許不會如你所想隨之而來

或許會與你的預期不同，有時候甚至會成為更大的壓力

當事情變成這樣時，

你曾經認為是夢想的目標實現之後

反而會出乎你意料地讓你感到厭煩、厭惡

如果發生這種事，就代表這打從一開始就只是野心

雖然你以為看著的是夢想

但其實心裡在意的是周遭或他人的視線

第二則是這件事情能否靠自己的能力解決

這非常簡單，舉例來說

如果有人說「我要中樂透頭獎」

大家都不會認為那是有熱情與努力的「夢想」

而是將那當成發生機率非常小，必須非常好運

才會實現的野心而已

夢想是這樣的，自己每天做好該做的準備

不斷累積每一天，讓實力跟著提升

在特定領域累積比普通人更多的知識

經歷這個過程之後，就能描繪出自己未來的模樣

一邊思考著自己究竟能不能做到、究竟該不該放棄

不斷深入煩惱。客觀看待自己的位置與投資價值

並且覺得應該要繼續堅持下去

踏實地度過每一天

那就是靠近夢想的方法

最後則是即使面對不好的結果

也能夠再次鼓起勇氣

夢想就像前面說的一樣，投入了自己的一切

夢想不是「不行就算了」

準備期間也不需要思考要是不行該怎麼辦

那樣的想法會讓順利前進的自己動搖

但當結果不好的時候，就必須多多思考

當然，除了現在在做的事情之外

多想一些替代方案也不算錯

但夢想不是從一開始就想

「這不行，要去做別的」

而是一想到過去與未來

讓自己即使感到不安、疲憊，也會再次鼓起勇氣

那就是夢想，是夢想的力量

讓你一路克服困難來到這裡的

就是夢想的力量

希望你別把夢想當成野心

也別把野心當成夢想

野心會對已經表現很好的你要求更多

希望你能透過這三個區分夢想與野心的方法

過濾掉野心

朝夢想更近一步

精神
管理

如果因為口無遮攔的人而痛苦

那麼改用「他很能動搖我嘛」的方式思考

會讓心裡舒服許多

毫無疑問地

擔心明天這件事

代表你是個很有責任感的人

別太擔心，睡吧

不會有什麼問題，會順利的

153

照顧

我會只照顧你

直到你沒事為止

這是你現在需要的

如果有誰說了傷害你的話

那就點點頭然後讓它過去

那些不美麗的話

不要一直放在心裡

不斷回想、不斷拿出來看

別一再重複讓他在腦海中留下印象

聽到的瞬間就該拋得遠遠的

不會那樣

別想為什麼只有自己這樣

不要因為覺得渺小、疲憊而失去自我

只要將人生中曾經閃耀的時刻蒐集起來

就會發現你也擅長很多事情

擁有人人稱羨的人生

每個人都有陰暗的一面

每個人都是踩著這些經驗規劃更好的未來

別因為他人去蕪存菁後的產物而動搖

只需要更為自己而活就好

好好的

人生哪有什麼

就是好好吃飯

好好睡一覺

好好生活而已

度過短暫的週末

再度重回日常

許多事情困難且令人鬱悶

該做的事情仍在等著我

但我有自信能完成

因為至今為止

我已經順利完成很多事

擔心的時機

「不行的話怎麼辦？」這件事

等到真的不行再來煩惱也不遲

那個不斷浮現的想法

與事先做好準備的「提前因應」不同

只是時機不對的不安罷了

別用這種事

折磨、絆住正順利前進的自己

只要我不動搖自己，最後都會有好結果

人生中感受到的

1. 不說不知道

2. 放棄比較輕鬆

3. 就算憂鬱也要吃飯

那些話

學生時期每到年末，爸爸都會說
「明年我們家經濟狀況會好轉的」
但根本沒有什麼改變，不管怎麼等
都沒有太大的轉變

雖然失望，但我喜歡他說會好轉這句話
每次聽到爸爸的話
我都感覺似乎真的能變好
也會懷抱著希望

以後會比現在更好這樣的話

擁有很大的力量

這並不是一種希望遙不可及的折磨

或給人虛幻的夢想

而是以樂觀的態度看待即將來臨的事

是一種正確的心態

帶著樂觀的心情相信自己

你的生命肯定也會越來越好

真的會變好，也會充滿歡笑

我
的
今
天

一邊抱怨

一邊撐到現在

我越來越堅強

我越來越幸福

安
慰

很累吧？

有多痛就有多幸福

別太擔心了

別錯過為他人著想的人

只有曾經接受他人好意的人，才懂得為他人著想

沒有這種經驗的人，不會突然產生這種能力

謝
謝

媽媽的年輕歲月造就了我

因此十分美麗

加油

無論我

在哪裡

做什麼

人生中的目標

1. 尊重自己的心情

2. 說一是一，說二是二

3. 過著適度的生活，活得幸福

希望能有這樣的人

當我們把今天一天的辛苦說出來時

比起計較你做得好做不好

更希望身邊有個會說「今天你辛苦了」的人

放寬心

別對太小的事情賦予意義

那是自然的，不是誰的錯

只是隨著時間流逝自動改變

你可以單純地想著「原來如此」

有失就有得，有得到收穫

放寬心生活，也有很多好處

因為有你

最重要的是「我」

無論工作、金錢還是夢想

如果沒有我都不會存在

如果每天都過度勞累

那你需要好好想想

適度地撐過一天

是指在不會讓自己崩潰的前提下

度過一天的意思

如果每一天

都感覺自己好像要崩潰

那你必須停止這種生活

無論任何事情

都不能超越構成你人生的要素

真正最重要的就是「自己」

如果沒有你，也不會有這個世界

療
癒

活在這個複雜世界的我們

需要安靜的時間

不要想起工作或擔憂的事

而是必須擁有時間

整理散落在心中的想法

經過整理的自在狀態

就叫做「療癒」

回顧

憂鬱且自尊跌到谷底的時候

就需要回顧一下

不要準備未來、向前方邁進

暫停想讓自己發展

想讓自己成長的努力，試著回頭看看

哪些是我的壞回憶

又因為哪些事傷心

哪些人讓我如此痛苦

我們必須擁有認清這些的時間

必須了解這些，才能夠減少重複的失誤

才能夠稍稍了解

現在應該彌補什麼

要用什麼方法才能好起來

當身心俱疲時

想往前邁進的野心會傷害到自己

暫時停下來回顧一下也沒關係

回顧是讓來日方長的我

能夠恢復心情的方法

過程

完全不需要跟別人比較

看著我自己就好

如果覺得有哪些地方不夠好

那就準備把那些地方補起來

因為別人的目光、因為別人的標準

而折磨自己、讓自己擔心

都不是好的過程

期待我們擁有即使發生壞事

也能讓它過去的習慣

以及

不要折磨自己的人生

星星

工作到深夜才把該做的事做完

回家路上看星星的日子就變多了

無人的此刻走在路上

我成為耀眼的人

感激的事

每天都把要做的事做完

這段時間很用心，真的辛苦了

時間可不是白白流逝

謝謝你撐到現在

希望從明天早上開始都是好心情

生活中充滿微小的好事

度過幸福滿溢的一天

像水一樣

人生不斷前進

至於會流向哪裡

都取決於你的選擇

我
的
加
油

我說一切都會順利

是希望你真的能一切順利

寫下明天會幸福的字句

是希望帶領你前往幸福

減去一點

現在別擔心別人

也別擔心自己

那些事不做也罷

用輕鬆的心情生活

最後你一定能過得很順利

我說一切都會順利

是希望你真的能一切順利

寫下明天會幸福的字句

是希望帶領你前往幸福

我的事，我自己會操心：比起擔心，更要緊握幸福，專注地過好今天

作　　　者／崔　大　鎬
主　　　編／蔡　月　薰
企　　　劃／葉　蘭　芳
翻　　　譯／陳　品　芳
美 術 設 計／楊　雅　屏
內 頁 編 排／郭　子　伶

第五編輯部總監／梁芳春
董事長／趙政岷
出版者／時報文化出版企業股份有限公司
108019 台北市和平西路三段 240 號 7 樓
發行專線／（02）2306-6842
讀者服務專線／ 0800-231-705、（02）2304-7103
讀者服務傳真／（02）2304-6858
郵撥／ 1934-4724 時報文化出版公司
信箱／ 10899 臺北華江橋郵局第 99 信箱
時報悅讀網／ www.readingtimes.com.tw
電子郵件信箱／ books@readingtimes.com.tw
法律顧問／理律法律事務所 陳長文律師、李念祖律師
印　　　刷／勁達印刷有限公司
初版一刷／ 2021 年 9 月 17 日
定　　　價／新台幣 280 元

時報文化出版公司成立於一九七五年，並於一九九九年股票上櫃公開發行，
於二○○八年脫離中時集團非屬旺中，以「尊重智慧與創意的文化事業」為信念。

我的事我自己會操心：比起擔心，更要緊握幸福，專注地過
好今天／崔大鎬作；陳品芳翻譯. -- 初版. -- 臺北市：時報文
化出版企業股份有限公司, 2021.09

面；　公分

ISBN 978-957-13-9296-7(平裝)

1. 成功法 2. 生活指導 3. 幸福

177.2　　　　　　　　　　　　　　　　　　　　110012643

내 걱정은 내가 할게 by 최대호 , 최고은
Text Copyright © 2020 by Dae-ho Choi
Illustration Copyright © 2020 by Ko-eun Choi
All rights reserved
First published in Korea in 2020 by NEXUS Co., Ltd.
Traditional Chinese Edition Copyright © 2021 by China Times Publishing Company Co., Ltd.
Published by arrangement with NEXUS Co., Ltd.
Through Shinwon Agency Co., Seoul